MÁRIO PEDROSA

DISCURSO AOS TUPI-NIQUINS OU NAMBÁS

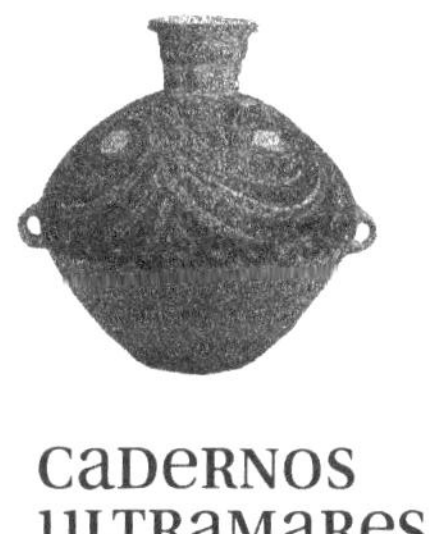

CADERNOS ULTRAMARES

ORGANIZAÇÃO E PROJETO GRÁFICO

Marcos Lacerda, Ana Paula Simonaci e Sergio Cohn

CONSELHO EDITORIAL

André Botelho

Bernardo Esteves

Boaventura de Souza Santos

Evelyn Goyannes Dill Orrico

Fréderic Vanderberghe

José Luis Garcia

Maria João Cantinho

Renato Rezende

Teresa Arijón

Vagner Amaro

ISBN 9786586962680

azougue press |

coordenação geral Sergio Cohn

coordenação editorial

Sergio Cohn — Darien Lamen — Cristián Jiménez Plaza

Brasil | CNPJ 12.272.339/0001-26

Portugal | Oca Editorial NF 515805394

USA | E. Id. 803650511

Chile | Tucán Ediciones RUT 77.369.106-1

A proposta dos Cadernos Ultramares é transpor fronteiras. Não apenas geográficas, com a edição de um amplo panorama do pensamento brasileiro para o público português, mas também entre as áreas do saber, criando uma coleção transdisciplinar, acessível não apenas para leitores especializado, pesquisadores e acadêmicos, como para interessados em geral.

Para isto, os Cadernos Ultramares privilegiam a leveza do ensaio, a "brigada ligeira", utilizando-se de um gênero marcado pela abertura e experimentação, uma forma privilegiada para a proposição e a apresentação de interpretações da cultura e da sociedade. Nos últimos anos, o gênero ensaio tem sido revalorizado como um importante meio de diálogo entre a pesquisa acadêmica e a sociedade.

O Brasil possui uma produção riquíssima de pensamento em diversas áreas, que vão da física à antropologia, da matemática às artes. Os Cadernos Ultramares, ao trazerem importantes textos de alguns dos nossos mais renomados pensadores, sejam clássicos ou contemporâneos, busca possibilitar ao leitor um olhar amplo e qualificado sobre essa produção.

Interessa-nos a constituição de um diálogo entre áreas, de uma conversa aberta que escape das armadilhas do pensamento especializado e do produtivismo acadêmico. Interessa, antes de tudo, a valorização do encontro do leitor com o sabor do texto, do prazer da leitura e da troca livre de pensamento.

apresentação

POR sergio COHN

Mário Pedrosa [1900-1981] é possivelmente o mais importante e influente crítico de arte brasileiro. A sua trajetória foi marcada pela inquietação e pela capacidade de intervir, de forma inovadora, sobre os diversos contextos artísticos que presenciou.

Pedrosa foi, para além de pensador apurado da arte moderna e contemporânea, agitador e gestor cultural. Dirigiu o MAM-SP, entre 1961 e 1963, foi curador de importantes Bienais e contribuiu na criação de eventos e instituições. Ao mesmo tempo, participou ativamente da vida política de sua época, sempre de forma corajosa e engajada na transformação social.

Filiado desde jovem ao Partido Comunista Brasileiro, teve a vida marcada pela sua luta política. No grande conflito contra as milícias integralistas, na Praça da Sé de São Paulo, em 1935, foi ferido por um tiro na perna, o que fez com que precisasse usar bengala o resto da vida. Foi exilado nas duas ditaduras, a do Estado Novo e a Civil-Militar que seguiu o Golpe de 1964. E, já no fim da vida, foi o primeiro signatário da carta de fundação do Partido dos Trabalhadores, ao lado de nomes como Sérgio Buarque de Holanda e Lula.

A sua atuação política se encontrou em diversos momentos com a arte. Em 1972, criou o projeto do Museo de la Solidariedad, em Santiago do Chile, durante o governo de Salvador Allende. O acervo do museu foi realizado a partir da doação de obras pelos próprios artistas, de diversos países, como Joan Miró e Pablo Picasso.

No discurso de inauguração do museu, Pedrosa declarou: "Os doadores querem que suas obras sejam destinadas ao povo, que sejam permanentemente acessíveis a ele. E, mais do que isso, que o trabalhador das fábricas e das minas, das cidades, das vilas e dos campos, entre em contato com elas, que as considere parte do seu patrimônio. A esperança dos artistas — e nossa — é contribuir, deste modo, à espontânea criatividade popular, para que flua livremente, e possa coadjuvar a transformação revolucionária do Chile".

Essa capacidade de circulação de Mário Pedrosa pelos grandes nomes da arte internacional está presente desde o fim da década de 1920, quando a sua cunhada se casou em Paris com o poeta Benjamin Péret, um dos principais nomes do surrealismo. À partir disso, começa a conviver com poetas como André Breton e Paul Éluard, e posteriormente com artistas visuais como Alexander Calder, quando morou em Nova York e trabalhou no MoMA, no começo dos anos 1940.

Esses contatos o aproximaram tanto da arte abstrata quanto da relação de arte e inconsciente e arte primitiva, temas que ressurgiriam durante a sua trajetória. Na década de 1950, as ideias de Pedrosa foram centrais para o aparecimento do neoconcretismo, provavelmente o mais inovador movimento artístico brasileiro. Pedrosa cultivou uma relação estreita com diversos dos seus protagonistas, como Ferreira Gullar, Lygia Pape e Hélio Oiticica.

O presente livro reúne ensaios, documentos e entrevistas realizados entre 1975 e 1979, período em que Pedrosa cria dois projetos, infelizmente não concretizados, em torno da arte primitiva: a exposição "Alegria de Viver, Alegria de Criar", que seria realizada no MAM-RJ em 1978, mas que foi cancelada por conta do incêndio que atingiu o museu, e o Museu das Origens, projeto de reconstrução do MAM à partir de outra proposta, reunindo cinco museus independentes e interligados: Museu do Índio, Museu do Negro, Museu de Arte Moderna, Museu da Arte Popular e Museu da Arte Virgem (Museu do Inconsciente).

Para reconstruir essa trajetória projetiva de Pedrosa em torno da arte primitivista, iniciamos com o ensaio "Discurso aos Tupiniquins ou Nambás", publicado originalmente no jornal *Versus*, em 1976. Neste ensaio, Pedrosa trata sobre a crise e o esgotamento da arte do Ocidente, contraposto aos países "que não chegam esgotados", onde "quando se diz que a arte é primitiva ou popular, vale tanto quanto dizer que é futurista". Contra uma arte ocidental marcada pelo esvaziamento expressivo e pela mediação de mercado, Pedrosa vê no contexto dos países subdesenvolvidos ainda a possibilidade de outras experiências, concluindo que "abaixo da linha do hemisfério saturado de riqueza, de progresso e de cultura, germina a vida. Uma arte nova ameaça brotar".

O ensaio, realizado enquanto Pedrosa ainda se encontrava no exílio, abre espaço para a procura de uma experiência artística extra-ocidental, que, firmada pelo *ethos* dos povos indígenas, onde vida e criação se unem, não aliena o contexto produtivo do prazer de viver. Pedrosa busca na arte primitiva uma resposta à crise cultural que presenciou na sua estada europeia: "A crise é profunda e uma das razões pelas quais me virei para fazer uma demonstração da arte dos nossos povos, ditos mais atrasados, é mostrar ao brasileiro que o fenômeno cultural da criatividade artística não é um fenômeno do progresso, é de experiência, vivência, homogeneidade e defesa das virtudes das comunidades ainda vivas".

O projeto da exposição "Alegria de Viver, Alegria de Criar", realizado em parceria com Lygia Pape, buscava reunir diversos aspectos da arte e dos modos de vida dos povos indígenas, relacionados com seu trabalho — cestarias, armas, transportes; sua moradia — ocas e outras estruturas arquitetônicas; e seus rituais — arte plumária, adornos, etc. Como forma organizacional, os objetos se dividiram entre Material de Guerra, Cerâmica, Cestaria, Plumária, Arqueologia, Habitação e Navegação.

A exposição contava com a consultoria de Darcy Ribeiro e uma equipe de antropólogos de primeiro time, com nomes mais experientes como Berta Ribeiro, Lux Vidal e Carmen Junqueira e jovens pesquisadores como Eduardo Viveiros de Castro e Theresa Baumann. A arquitetura de José Luiz Ripper, a iconografia de Maureen Bisilliat e Claudia Andujar e a programação visual de Aloísio Carvão, entre outros importantes colaboradores, mostra que Pedrosa estava empenhado em realizar uma exposição de alto nível técnico e curatorial.

Com mais de mil objetos reunidos de diversas instituições nacionais e internacionais, o projeto seria um ponto de virada no pensamento sobre a cultura dos povos indígenas no Brasil. A sua não-realização, por conta do trágico incêndio, foi uma triste fatalidade que atrasou em décadas a compreensão mais ampla entre artistas e interessados em geral sobre a importância e riqueza da cultura indígena para o pensamento sobre a arte brasileira. Pedrosa via no projeto "a possiblidade de um reinício, de uma renovação artístico cultural do Brasil".

O projeto da exposição ganha maior escopo no Museu das Origens, proposta de Pedrosa para recriação do MAM após o incêndio. Em 14 de setembro de 1978, Pedrosa apresentou seu projeto para o Comitê Permanente pela Reconstrução do MAM, realizado na Escola de Artes Visuais do Parque Lage. O texto foi reproduzido no dia seguinte, no *Jornal do Brasil*, e se encontra publicado neste volume. A proposta de aproximação da arte indígena e contemporânea, realizada por Pedrosa no projeto, só seria retomada 22 anos depois, na Mostra do Redescobrimento criada por Nelson Aguilar.

Em resposta ao projeto, o Comitê afirmou: "Aprovamos integralmente o projeto do Museu das Origens, de Mário Pedrosa, considerando-o, entretanto, incompatível com a atual estrutura de poder do Museu de Arte Moderna do Rio de Janeiro."

Hoje, passados mais de 40 anos e depois de termos presenciado outro terrível incêndio, o do Museu Nacional, com a perda inestimável do acervo de peças indígenas, entre outros, fica o pensamento sobre o Brasil que poderíamos ter gerado à partir de uma maior atenção à nossa diversidade cultural e ao pensamento de nomes como Mário Pedrosa.

Não que tudo esteja perdido. Muito tem sido feito nas artes dos últimos anos, com o surgimento de artistas indígenas com Jaider Esbell, Daiara Figueroa e Denilson Baniwa, por exemplo, assim como na crescente presença de Ailton Krenak, Davi Kopenawa e Eliane Potiguara no pensamento brasileiro contemporâneo. Há uma luta em andamento para a ampliação da nossa compreensão cultural.

Mas há ainda muito por fazer, alianças, aproximações, em nome de um mundo mais alegre e solidário. E o pensamento seminal de Mário Pedrosa é um instrumento para isso, ao fazer da proposição cultural aquilo que denominou, ao tratar da arte de Antonio Manuel, de um "exercício experimental da liberdade".

*

Como epílogo, incluímos no volume a enquete "A arte mágica e o pensamento atual", de 1955, onde Pedrosa responde a questões levantadas por André Breton. É um texto anterior, mas que dialoga fortemente com as questões recolocadas em suas propostas de 20 anos depois.

DiSCURSO aOS TUPiNiQUiNS ou NaMBÁS

Em países como os nossos, que não chegam esgotados, ainda que oprimidos e subdesenvolvidos, ao nível da história contemporânea, mas que flutuam por sua situação necessária sobre a linha do meridiano maior, ou francamente mais abaixo dela, quando se diz que a sua arte é primitiva ou popular, vale tanto quanto dizer que é futurista. Nos velhos países de franca civilização burguesa não é assim e o caminho da arte bifurca-se ou trifurca-se em veredas que sobem na escala social para perderem-se nos vértices das diversas elites que se fixam no delta extremo das especializações, ou que fluem para baixo como um filete d'água que desaparece no subsolo ou estanca em charcos.

Nunca tantos "ismos" cobriram áreas tão pequenas, singulares e extravagantes para consumidores tão refinados ou mais sutis. Nos outros países, aquelas filigranas ou ramificações chegam como subprodutos elitistas das orlas das capitais, dos aeroportos cosmopolitas, dos shoppings ou supermercados e hotéis transnacionais. Fora dessas áreas há as oficinas de artesanato, o trabalho não propriamente assalariado, mas onde se entrava o esforço anônimo da criatividade, da inventividade autêntica, quer dizer, o esforço para a coletividade. A arte nesses rincões tem suas raízes na natureza ou tudo que a esta pertence — terras, pedras, árvores, bichos, ideias ou quase ideias que escudam dificilmente as coisas e as gentes que com estas convivem, com estas se misturam ou talvez se completam. Aqui o que é a natureza já é cultura e o que é cultura ainda é natureza, mas não se confundem e menos ainda se fundem, pois não se trata do processo triédrico da dialética, que terminaria, ainda que provisoriamente, em uma síntese.

O que aqui acontece é outra coisa, é o nascimento de um quarto reino mais para lá dos três tradicionais da natureza — o animal, o vegetal, o mineral —, quer dizer, o reino da arte. Esta não é uma afirmação tão audaciosa quanto parece. Para demonstrá-la basta levantar a seguinte questão: Quem criou a arte? O homem. Como? Quando? Toda a história da arte está hoje em irremediável decadência ao tentar responder à pergunta. O estado de questão está agora tanto mais inextricavelmente confuso quando se levanta hoje nas grandes metrópoles uma plêiade brilhantíssima, cultíssima de espíritos para proclamar a arte morreu. Outros, talvez não menos brilhantes, dizem que não, e defendem com unhas e dentes as instituições dedicadas à promoção da arte. É claro que a arte não pode morrer porque ninguém a pode matar, uma vez que está condicionada não só à história do homem como também à história mesma da natureza.

O que acontece é que existem sociedades propícias ao desenvolvimento do fenômeno artístico e outras que já não o são. As grandes sociedades industriais ou superindustriais do Ocidente, à medida que se desenvolvem, cada vez mais movidas por um mecanismo interno inexorável em sua contínua expansão, que subordina todas as classes a seu frenético ritmo tecnológico e mercantil, castram as colmeias de toda a criatividade e tiram qualquer oportunidade aos homens de vocação ainda desinteressada e especulativa para resistir à corrente de força que conduz tudo e todos vertiginosamente à voragem do mercado capitalista.

Chama-se arte, sob este condicionamento, algo como uma relativamente nova profissão ou ofício que produz objetos *sui generis* que agradam à vista ou ocupam recintos fechados de um modo caprichoso ou mesmo sedutor, quer dizer, não em função utilitária direta, como mesa, armário, urinol. Há bastante clientes para consumo dessas coisas. Enquanto haja clientes para comprá-la, esta "arte" existe. É claro que se fazem muitas promoções para que o distinto comércio prossiga; para isto superabundam galerias, museus, bienais, trienais, etc. É sintomático que essa atividade esteja submetida à vastíssima indústria da publicidade, que a protege e assegura seu progresso e sua persistência. Aqui, e definitivamente, a velha arte perdeu sua autonomia existencial e naturalmente espiritual. E não há que chorar por isto; tentar restaurá-la é uma tarefa anacrônica, condenada de antemão como uma das muitas restaurações das quais a história da arte ainda recente conhece tantos episódios fracassados.

Os artistas, os críticos, estetas e até sociólogos, condutores do mundo das artes e de outras das grandes metrópoles, sabem melhor que ninguém que o "revivalismo" é uma falsa solução e, conscientes desta fase via, eles se lançam na direção contrária ao vanguardismo.

Nestas metrópoles pós-industriais de avanços tecnológicos vertiginosos, as vanguardas artísticas sucedem-se dia a dia por uma necessidade premente de mudar o produto para contentar uma clientela que não gosta em geral de investir no já visto, como os artistas, principalmente jovens, tampouco gostam de repetir o que se está fazendo. Não é mudança de estilo, como nas grandes épocas, o que se verifica no domínio das artes plásticas é antes a estilização ou o processo de modernizações que se comemora todos os anos nas feiras e salões de automóveis nas grandes capitais da Europa e América.

Nos países da periferia, na faixa de subdesenvolvimento, as vanguardas também aparecem, mas aqui seu propósito seria antes o de afirmar-se como *up to date*. Elas têm, entretanto, os olhos postos nas irresistíveis mudanças ditadas pela lei da civilização do consumo pelo consumo, quer dizer, a dos grandes mercados. Por isto nossos artistas "de vanguarda" estão sempre correndo atrás para alcançar a ultimíssima novidade. Esta corrida — as estatísticas o demonstram cada vez mais — é uma vã e triste ilusão. Os países pobres e subdesenvolvidos já não podem alcançar o avanço dos ricos.

Essa disparidade verifica-se também no campo da arte. Aqui, igualmente, a quantidade se transforma em qualidade. Na fase histórica em que estamos vivendo, o Terceiro Mundo, para não marginalizar-se de todo, para não derrapar da estrada do contemporâneo, tem que construir seu próprio caminho de desenvolvimento, e forçosamente diferente do que tomou e toma o mundo dos ricos do hemisfério norte. A história cultural do Terceiro Mundo já não será uma repetição em *raccourci* da história recente dos Estados Unidos, Alemanha Ocidental, França, etc. Ele tem que expulsar de seu seio a mentalidade "desenvolventismo", que é a barra em que se apoia o espírito colonialista. Este implica a estilização do automóvel e seus complementos que vão até vestir, a casa, o viver, a decoração, a recreação. Para o seu desenvolvimento, Tanzânia preferiu o ensinamento da China; Saigon, o de Washington. O símbolo do progresso daquela foi a estrada de ferro, o deste foi o bordel. São estas as opções fundamentais. Pela lentidão mesma do seu desenvolvimento, a arte de nossos países já não poderá repetir a evolução dos países industrializados. A civilização burguesa imperialista está em um beco sem saída. Deste beco não temos que participar os bugres das baixas latitudes e adjacências.

As populações destituídas da América Latina carregam consigo um passado que nunca lhes foi possível sobrepujar ou sequer exprimir, quer dizer, fazê-lo teoricamente; porque tal expressão nos chega em livros na maior parte deformados ou disfarçados nas más historiografias de origem metropolitana. As vivências e experiências destes povos não são as mesmas dos povos do norte. São muito diferentes, ainda que suas aspirações sejam contemporâneas. Na verdade, a qualidade da vida, como se diz hoje no jargão político da Europa (França), difere de nossos povos, como o pisco do vinho. Os pobres da América Latina vivem e convivem com os escombros e os cheiros inconfortáveis do passado. O ultramodernismo e alguns de seus progressos, de molde comumente americano, estão umbilicamente vinculados a nossas favelas e barricadas. O paradoxo é que estas são as que não mudam a miséria, a fome, a pobreza, choças e ruínas. Mas é por aí que passa o futuro. Aqui está a opção do Terceiro Mundo: um futuro aberto ou a miséria eterna. Necessariamente, instintivamente, esse futuro recusa os produtos ultramodernos das áreas adiantadas da civilização "transnacional", que de futuro só apresenta aparência. Efetivamente, o que elas nos propõe como futuro são na realidade variantes do *status quo* que o imperialismo trata de defender por todos os meios, inclusive a guerra. A única arte susceptível de renascimento, quer dizer, de encontrar continuidades culturais imprevisíveis ou não suspeitadas, não pode resultar de ideias abstratas, deduzidas do progresso permanente do cosmopolitismo multinacional. No entanto é desta derivação abstrata que se nutre o processo da sucessão obrigatória das vanguardas já aqui analisadas (O mapa das escolas, ismos e estilos que se sucederam a partir, digamos, da *pop art* anglo-americana, indica a origem derivada dessas sucessões).

A tarefa criativa da humanidade começa a mudar de latitude. Avança agora para áreas mais amplas e mais dispersas do Terceiro Mundo. A miséria, a fome, a pobreza podem conduzir ao desespero de suas populações (assim o crê e disto adverte à sua gente o presidente do Banco Mundial, o senhor McNamara), mas elas não estão contagiadas o bastante pelos poderosos complexos sadomasoquistas que reinam na sociedade da riqueza, da prosperidade, da saturação cultural, para serem levadas ao suicídio coletivo. É mais lógico que se espere delas algo mais positivo para arremeter-se contra o *status quo*. Existe mesmo em processo, em andamento, um pouco por toda parte, um projeto a realizar, condição *sine qua non* para conceber o futuro, ou seja, manter aberta, para todos, uma perspectiva desimpedida de desenvolvimento histórico. O que é isto senão uma revolução? Sim, uma revolução. A única realmente susceptível de mobilizar os povos da maioria da humanidade. A única positivamente concebível como a tarefa histórica do 21º século.

Somente dentro deste contexto universal será possível pensar no engendramento de uma nova arte. Será esta uma das faces mais vitais deste prisma revolucionário em gestação nas entranhas convulsas dos povos que Fanon chamou os "danados da terra". Puro visionarismo? Dá no mesmo. É talvez um ponto de partida metodologicamente necessário para abarcar em sua totalidade a vasta problemática apocalíptica da divisão dos povos do planeta entre o imperialismo, seus satélites e acaudilhados, tacitamente mancomunados para defender, em última instância, por todos os meios, o *status quo*, e a imensa maioria dos outros, de preferência de raças não brancas, condenados como por uma maldição bíblica à fome e ao atraso. Quem esquece esse dilema preliminar não pode falar. Já está mobilizado pelo outro lado, pelo lado de cima. Já se colocou, mesmo que não o saiba, na outra perspectiva de que nos fala Samir Amin.

Daqui se pode entender a profunda diferença entre o que ainda se conhece por arte no hemisfério dos ricos imperiais e o que pode ou deve surgir em nossos mundos deserdados.

A arte, na medida em que existia entre os burgueses imperialistas, é cada vez mais um claro capricho, de luxo, estetizante, que se consome a si mesmo, indiferente a tudo o mais. Estudando o panorama da arte de seu tempo, em pleno triunfo do fascismo, Walter Benjamin via no manifesto futurista de Marinetti sobre a guerra da Etiópia "a perfeita revelação da arte pela arte", o coroamento de sua suprema palavra de ordem: *flat art, pereart mundus*. Comentando este alto pensamento da estética fascista, Benjamin alcança tal acuidade que suas palavras de então, 1936, são de uma atualidade espantosa: "Ao tempo de Homero, a humanidade se oferecia em espetáculo aos deuses do Olimpo; ela se fez agora seu próprio espetáculo. Tornou-se ela bastante estranha a si mesma para conseguir viver sua própria destruição como um gozo estético de primeira ordem".

Uma geração depois do filósofo, quando uma segunda guerra imperialista passou, mais devastadora ainda que a primeira, a arte continuou sua carreira inexorável para o acaso, ainda que esta carreira não se fizesse linearmente e sim aos tropeções, com fulgurantes espasmos revolucionários, que Dada e o surrealismo anunciaram e Marcel Duchamp, à sua maneira incorruptível e laica, acentua nos momentos do antivaticínio e da contestação permanente. Consciência não profética, mas no fundo sistemática da negatividade, ele preside a evolução estética-não-estética do século. Atrás dele vêm os artistas de hoje, com suas proclamas revolucionárias. Um deles começa por refazer sua descoberta do *ready made,* mas substitui o primeiro exemplo histórico, "o urinol", pelo corpo vivo e belo de seu próprio modelo: é Pierre Manzoni, que morreu aos trinta anos, em 1965, não se sabe de quê. De si mesmo? Depois, da mesma família, chegam os protagonistas da "arte corporal".

Como que se amparando ainda no mestre incomparável e distante, atacam-se ao próprio corpo, invocando a tonsura que Duchamp se havia feito na cabeça, sob a forma de uma estrela. É impossível não evocar as velhas palavras de Benjamin, em face das experiências revulsivas destes ultralógicos niilistas da "arte corporal": "Tornou-se (a humanidade)... bastante estranha a si mesma para... viver sua própria destruição como um gozo estético de primeira ordem". E logo a figura de Rudolf Schwarkogler nos vem à mente: um ano mais moço que seu êmulo italiano quando morreu (1969), este jovem artista austríaco, arrebatado por seus impulsos autodestrutivos e narcísicos, inconformado com os determinismos atávicos da vontade de ser, iniciou uma série de atos de agressão ao próprio corpo e acabou por cortar o pênis, imolado a obscuras ideias (ou purgas?) pelas quais se matou. Esses atos de agressão ao corpo, objeto de adoração, de repulsa e ódio, abrem a série de ações que querem ser edificantes para a família da "arte corpórea".

Seria simples demais, além de injusto identificar formalmente a "estética destes artistas, cujo pensamento explícito é negar toda estética", com atitude tão claramente sádica de Marinetti e seus seguidores. Há uma diferença substancial entre os Marinetti de então e os artistas da "arte corporal" de hoje. Naqueles, os determinismos sádicos predominavam e Marinetti cantava de gozo ao espetáculo da destruição dos negros da Abissínia sob os bombardeios aéreos dos fascistas italianos, pálidos precursores dos bombardeios supermodernos dos americanos contra os vietnamitas de nossos dias.

Nos artistas de agora, os atavismos que pesam sobre eles, sejam alemães, austríacos, italianos, americanos, franceses, são tão complicados que escapam à análise. Não se oferecem aos outros como espetáculo, como faziam Marinetti e seus fascistas; se dão a si mesmos, pois seu corpo é seu objeto, o objeto de sua busca. A destruição volta-se contra eles mesmos, contra o que não são em seu ser mesmo, pura autodestruição, é esta que se dá em espetáculo — e espetáculo que pretende ser edificante. Querem edificar pela autodestruição. O ato estético, que sempre negaram, transforma-se em ato moral. Como qualificar tais ações? Como testemunho de um condicionamento cultural final, sem abertura, nem existencial nem transcendental. O ciclo da pretensa revolução fecha--se sobre si mesmo. E o que resulta é uma regressão patética sem retorno: decadência. Aceitam a morte como inevitável, em nome da saturação cultural e da irracionalidade invencível da vida. Chegam ao *cul de sac* perfeito. Entretanto, abaixo da linha do hemisfério saturado de riqueza, de progresso e de cultura, germina a vida. Uma arte nova ameaça brotar.

"as vanGuaRDas Já nascem cansaDas"

Político, crítico de arte, jornalista, escritor, histo-
riador, Mário Pedrosa nasceu em 1900 no Engenho de
Jussaral, em Timbaúba, norte de Pernambuco. O pai,
Pedro da Cunha Pedrosa, foi senador pela Paraiba. A
mãe, Antônia Xavier de Andrade Pedrosa, dedicou-se
a cuidar dos oito filhos. Casado com Mary, tranquila
mulher de voz mansa e tímido sorriso, tem uma única
filha, Vera, e três netos.

Ele se nega a participar da "congregação de po-
deres econômicos e políticos, que impõe soluções
aos homens do nosso tempo", qualifica a arte como
'a alegria de viver, a alegria de criar" e destaca a importância das Bienais no passado, quando "trouxeram
a revolução da arte, atualizando os sul americanos e
dando-lhes passaporte do nosso tempo". (Ele foi diretor do Museu de Arte Moderna de São Paulo, de 1960 a
1968, responsável pela organização e julgamento das
Bienais de São Paulo).

Isso, e muito mais, é Mário Pedrosa, que diz não estar mais na idade de criar novas teorias nem de andar em busca de vanguardas, porque todas, segundo ele, já nascem cansadas. Mas entre seus planos para esse ano está uma exposição de arte e cultura indígena, de outubro a dezembro, no Museu de Arte Moderna do Rio de Janeiro. Mostra que deverá ocupar todos os andares do museu, dado o grande número de peças que vão ser reunidas, mais de mil.

— A ideia de uma exposição de arte indígena foi consequência do meu longo exílio — interrompido pela vontade de voltar — quando ocorreu o meu encantamento pela Amazônia. Foi súbito e imenso. Nasceu no Peru, onde me encontrava em visita à minha filha. A escolha do local da exposição — que recaiu naturalmente sobre o Brasil — foi feita por não ser ele o país linearmente simples que se pensava, mas sim profundamente complexo, a partir do desconjuntamento desenvolvimentista das suas regiões. Além disso, a ideia da exposição surgiu da necessidade de defesa dos índios, os primeiros a serem condenados. Quero mostrar que a comunidade indígena, ainda existente apesar do esfacelamento, é portadora de uma lição extraordinária para todos nós e sobretudo para a juventude brasileira, porque ela possui homogeneidade social e cultural, como em toda a po-

pulação dita primitiva, não capitalista, não desenvolvimentista, não progressista. Ela é a única que ainda
vive de acordo com a natureza, que pode se isolar e
manter certas características na sua constituição.

Pedrosa quer despertar o país — que tende cada
vez mais a ter uma arte sem profundidade e raízes,
dependente, nas grandes cidades, das encomendas
feitas por mercados de arte — para a arte de um povo,
de uma raça — o índio — cuja identidade com o meio-
-ambiente permanece.

— O indígena é descompromissado com sistemas
econômicos e políticos, é mais livre e em tudo o que
faz — artefatos de trabalho como ralador de mandioca, cestas e zunidor, entre outras coisas — existe um
senso danado, extraordinário, de proporção e finali-
dade, além de muito amor. Todos os seus instrumentos de trabalho são belos em si e podem ser tomados
como uma obra de arte, apesar de o índio fazê-los
com a natural segurança de quem está trabalhando
para o fim coletivo da tribo e não somente para o seu
prazer. Nesse sentido, ele continua a velha tradição
do artesanato, o artesanato pré-capitalista, que Marx
achou ser a origem de toda a grande arte.

A exposição vai abranger desde a parte arqueoló-
gica — peças de pedra, quartzo, de milhares de anos
— até a produção contemporânea.

— A base principal de nossa mostra é o extraordinário acervo do Museu Nacional, em São Cristóvão, completado com obras dos seguintes museus: do Índio, da Universidade de São Paulo, do Ipiranga, Goeldi, no Pará, da Dinamarca, da Alemanha, de Basileia, da Áustria e também por peças que daqui se foram, do século XVI em diante, e estão no Musée de l'Homme, em Paris, como um raro manto tupinambá. Haverá projeções de filmes sobre a produção de mandioca e do curare, entre outros produtos, para mostrar o trabalho, a quase indústria indígena. A música participará também, com gravações antigas. Outro de nossos projetos é o de construir uma maloca, para que se veja a arquitetura indígena, que nasce da terra, usa seus meios e tem ensinamentos extraordinários de circulação de ar. Haverá também uma sala de máscaras, uma grande galeria com representações do modo como vivem os índios, com os paramentos que os envolvem — a cultura do corpo. Esas cultura é usada hoje, no plano das artes moderníssimas, e é intensamente séria entre eles. Isto quero mostrar, esta arte corpórea de que já falei num dos meus ensaios publicados — o "Discurso aos tupiniquins ou nambás".

Este é o Mário Pedrosa de hoje, de sempre, eterno. Que está acabando de escrever um livro político, começado na Europa — *Discursos Pré-capitalistas* — e que tem um outro já pronto, sobre economia e política — *A Rosa de Luxemburgo* (revolucionária assassinada em 1919, na Alemanha). Ele acredita que a arte não é feita em torno de ideias, mas de grandes movimentos de sensibilidade dos povos. Para ele, existe uma crise cultural:

— A crise é profunda e uma das razões pelas quais me virei para fazer uma demonstração da arte dos nossos povos, ditos mais atrasados, é mostrar ao brasileiro que o fenômeno cultural da criatividade artística não é um fenômeno do progresso, é de experiência, vivência, homogeneidade e defesa das virtudes das comunidades ainda vivas. Não que eu ache que o brasileiro depois vá se meter a fazer arte indígena. Quero mostrar que arte vem desta profundidade, deste nível, e não de marchands, Bienais ou de outras combinações que se resumem, no fundo, em valorização do mercado. Espero que o nosso esforço seja coroado de êxito e ensine aos brasileiros que o progresso não está apenas em rodar num automóvel ou voar num avião. O verdadeiro progresso está na integridade, na justeza com que o homem do seu tempo vive naturalmente daquilo que a natureza, a vivência, a convivência lhe trazem, sem os grandes avanços tecnológicos.

aLeGRia De viveR, aLeGRia De CRiaR

1. A mostra deve se iniciar com vastos painéis fotográficos valorizados por uma iluminação de alto nível técnico com uma ideia clara do mundo onde viveu e vive o índio. As florestas, os rios e as savanas onde se encontram os aglomerados tribais sobreviventes.

2. As habitações, as malocas, mostrando a extrema sabedoria arquitetônica do índio em termos de construção de estruturas e dos materiais usados, capazes de ensinar lições aos nossos arquitetos modernos.

3. Ligada a sua habitação, em plenos trópicos, está a vida social e cerimonial, a guerra e a paz da tribo. Aí estarão as armas, os meios de transporte, os instrumentos de trabalho e os fetiches para as diversas fases da vida comunal.

4. O interior da maloca onde a distribuição das funções se faz. O lugar do homem, o lugar da mulher, depois nossa representação geral, ficando possível as caractérias por tribo, para que não esqueçam que a

coletividade tribal é em si mesmo a autoridade deter-
minante.

5. As atividades diversas da vida tribal serão repre-
sentadas por células vivas, por materiais e por tribos.

exílio, arte, imperialismo

Já se passaram muitos anos desde a Semana de Arte Moderna... Agora você volta do exílio e propõe uma exposição de arte indígena...

Uma comparação entre a exposição de índios e a arte moderna é uma comparação difícil, porque a exposição de índios é um projeto, e a arte moderna é uma realização histórica. O que eu posso dizer é que a exposição de arte indígena é, de certa maneira, uma reação ao que se faz hoje em matéria de arte dita moderna. É uma proposta para que os artistas brasileiros — não digo que se virem para a cultura indígena — tenham uma noção mais concreta de que a arte moderna é hoje em dia uma atividade de ordem cosmopolita. Função, digamos com muita brutalidade, do mercado internacional.

Outro dia me perguntavam sobre vanguarda, a noção de vanguarda. Eu não acredito mais em vanguarda, que era muito importante no tempo em que as proposições ditas de arte moderna tinham realmente valor de vanguarda. Era uma invenção de artista, era uma experiência válida em face do academicismo, em face de uma escola de arte, de uma tradição, de uma maneira de ver a arte em função de uma burguesia exausta, atrasada na Europa. Havia essa contradição.

A arte moderna nasceu, hoje podemos dizer, em função do imperialismo, em função da expansão imperialista nos velhos países europeus. Nasceu da intervenção imperialista na África, por exemplo. Os naturalistas europeus — os antropólogos da época — descobriram nos países africanos atividades de ordem cultural de uma grande qualidade, de uma estranha qualidade. A arte negra que se descobriu então, em Paris, teve uma importância enorme sobre o cubismo. Picasso mesmo teve influência da arte negra descoberta então na Europa.

Essa descoberta começa exatamente na época em que o imperialismo invadia os continentes africano, americano etc. Com espanto, os naturalistas descobriram uma atividade de povos fora da civilização europeia, capazes de fazer artefatos, de fazer obras que eles não tinham coragem de dizer que eram obras de arte. Quando se reconheceu que na África e nos povos pré-colombianos se fazia arte, foi muito tarde, porque eles não concebiam que a arte pudesse ser produto senão de um desenvolvimento capitalista, burguês, como a arte europeia, a greco-romana, a do renascimento. Eles precisaram de um estudo, de um trabalho, de um desenvolvimento, pois eles não acreditavam que os povos subdesenvolvidos fossem capazes disso. Só há cinquenta anos, talvez menos, se começou a achar que os fetiches africanos fossem tão belos quanto as melhores esculturas europeias. A "Vênus de Milo", tão proclamada, hoje é considerada tão bonita quanto um fetiche africano. Hoje isso é uma banalidade, e a arte teve sempre um desenvolvimento prodigioso fora do desenvolvimento industrial europeu.

Esta é a causa de que hoje esse desenvolvimento da arte moderna — formidável numa época — está esgotado. Todas as grandes obras primas da Europa não são melhores que os grandes monumentos pré--colombianos. Esse é um fato real, importante, e não há porque hoje se discutir essas coisas. Porque então se levantava a hipótese de que os povos atrasados, os povos africanos, as artes pré-históricas não eram importantes, porque não implicavam em desenvolvimento econômico, industrial, tecnológico, das velhas civilizações europeias. E é por isso que se descobriu na arte grega, na arte arcaica, na arte egípcia, nas artes pré–colombianas, monumentos extraordinários em matéria de arte.

Mário, a exposição do socialismo realizado, que foi feita recentemente na Itália, colocou outra vez na ordem do dia a discussão da liberdade e da criação, e a própria discussão do que significa arte. O que significa liberdade de criação para o artista dentro do capitalismo e dentro dos Estados ditos socialistas? E qual a influência dessa exposição do socialismo realizado dentro dos Estados ditos socialistas na luta pela democracia socialista? Como você vê isso?

Há um ensaio sobre o condicionamento na civilização burguesa, onde eu estudo o condicionamento da criação artística no capitalismo na época atual, partindo das pesquisas de Marx sobre a arte no pré-capitalismo. Na passagem do pré-capitalismo ao Renascimento, os artistas tinham uma classificação de trabalhador, de artesão. Na produção artesanal, quem dominava eram as corporações de artistas, em que o artesão ia para a corporação, trabalhava nela e a obra de arte que ele fazia não se traduzia no valor de mercado, não ia para o mercado.

Vocês sabem que a passagem de corporação para a manufatura foi um processo demorado. Na época da corporação, onde havia um mestre, ele aprendia com o mestre, com um sapateiro, com um construtor, com um pedreiro, faziam um trabalho com o mestre, acabavam também sendo mestres e poderiam vir a ser artistas importantes. Os grandes artistas, construtores de catedrais, um grande número deles, eram anônimos, porque eles não eram "o artista individual que se sobressai a tudo". A passagem do regime artesanal para o regime de produção manufatureira, capitalista, se estendeu para a Europa inteira, Florença etc.

Gauguin, Van Gogh e Cézanne morriam de fome. Hoje, a burguesia não deixa que isso aconteça: ela absorve os artistas. Aceita todas as obras, polui, apodrece a criação. Sem forças para impor seus valores, inventou o marchand... Isto foi uma mudança radical que houve no estatuto das artes na Europa, e que durou alguns séculos, durou até o desenvolvimento capitalista europeu, que criou a sociedade industrial moderna em que a burguesia começou a ser o mercado, a consumidora dos trabalhos dos grandes artistas. Os artistas passaram a fazer obras para a sociedade capitalista. Aí, a sociedade capitalista criou seus museus, suas academias de belas artes, que nascem em um momento importante, com o estado burguês, com o estado absolutista, uma coincidência importante.

Aparece a fabricação das belas artes com um valor próprio que não tinha mais nada que ver com as antigas corporações em que os artesãos eram trabalhadores coletivos anônimos como todo trabalhador. Agora o artista passa a ser um homem que faz uma obra especial, e que tem um mercado especial. Isto nasceu na Itália, na França e depois se espalhou por toda a Europa, e por aqui no começo do Século XIX, com a missão francesa. Então havia regras para se fazer uma obra considerada pela academia como de alta beleza e isso codificou a profissão de artista, codificou a maneira de valorizar a obra, passou a existir uma obra de arte especial, o ideal de beleza passou a ser construído e até organizado de maneira que todos os artistas entrassem para a academia, onde terminavam fazendo um concurso com uma obra de arte determinada pelos professores.

A arte moderna no nosso século começou exatamente quando nascia o imperialismo, quando saiam e iam explorar os países coloniais. Não foi só uma coisa ruim porque daí, a partir da exploração da África, da América, começaram a descobrir que havia obras importantes que podiam ser igualadas com as grandes obras ocidentais. Para que um naturalista, um antropólogo, ousasse comparar um fetiche africano com a obra grega, foi preciso um grande desenvolvimento intelectual, uma grande audácia.

A arte moderna foi essa arte nascida da decadência da arte acadêmica europeia. Nós hoje estamos numa época em que a própria arte moderna, que teve esse desenvolvimento enorme, também já esgotou o seu processo de crescimento. E então, como era uma arte que passou a ter um êxito formidável em toda parte, passou a ser dominada por uma categoria nova que não existia propriamente, que era a do marchand. O marchand passou a ter uma importância enorme na distribuição dessas artes modernas. E daí também nasceram os museus de arte moderna, as bienais, todos para o desenvolvimento dessa categoria nova.

A Semana de Arte Moderna de São Paulo é um produto do desenvolvimento da época. Hoje nós estamos numa outra época, em que o capitalismo chegou ao auge do desenvolvimento internacional, a um capitalismo internacional. O auge da dominação colonial chegou ao fim e novos horizontes se abrem para a cultura mundial. Basta ver a crise profunda que há entre o hemisfério norte e o hemisfério sul, entre os países da periferia e os países altamente desenvolvidos. Isso representa uma nova etapa no plano das artes. Nos países como o nosso, a arte moderna se desenvolveu, teve artistas bons, mas se repete, porque o novo que se faz na Europa, pode ser o velho nos Estados Unidos, e o novo que se faz aqui pode ser o novo que se faz em Paris... As ligações são muito grandes e aí existe uma repetição de iniciativas. Há anos, os artistas modernos, os artistas da maior importância hoje para o mundo, morriam de fome como Van Gogh, Gauguin, o próprio Cézanne. Hoje, a burguesia parece que tem medo: ela foi acusada de deixar morrer alguns homens de gênio; só depois de mortos a obra deles era acolhida e atingia preços descomunais no mercado. Hoje ela virou liberal.

As artes perderam os valores intrínsecos do começo do século XIX, quando se desenvolveu o Renascimento, passou-se para o barroco, do barroco para a arte neoclássica.

São todas escolas que se desenvolveram pelo mundo. Hoje a burguesia age como o stalinismo na Rússia. O stalinismo destruía as obras, esmagava as obras que eles não achavam boas. A burguesia, o liberalismo burguês apodrece, aceita todas, qualquer coisa ele aceita imediatamente, levantada como uma coisa moderna. Nas bienais isso foi comum. No começo das bienais, alguns artistas modernos não eram recebidos, e hoje, as primeiras vanguardas que aparecem... As obras mais escandalosas são consideradas como obras de arte, vanguarda, e ganham prêmio. Antigamente a vanguarda dificilmente ganhava prêmios. Hoje, as vanguardas mais estapafúrdias ganham prêmio imediatamente. O liberalismo tem a mesma função do stalinismo. O stalinismo destrói, fisicamente, o liberalismo aceita todas as obras, polui, apodrece a criação. Ainda hoje perdura essa circunstância. A burguesia não tem mais força de impor os valores que são dela, ela aceita qualquer coisa porque tem medo que amanhã descubram que valha muita coisa.

O capitalismo destrói, na realidade, a possibilidade de existir uma arte livre, aberta, porque o capital prostitui a arte...

Isso é interessante porque quando começaram as exposições de arte moderna, as bienais, os países ditos socialistas começaram a participar nessas associações internacionais de críticos de arte, que eu fiz parte — nas bienais, nas grandes manifestações de arte internacional. No começo havia imediatamente uma imposição de ordem das autoridades deles para que os artistas seguissem a linha, digamos, da arte social, do realismo socialista. Pouco a pouco, com o desenvolvimento das organizações internacionais, com o êxito que tinham inclusive nos países ditos socialistas, os responsáveis pela arte nesses países não se sentiam com força para impedir que os artistas de seus países passassem a criar com liberdade como nos países do ocidente capitalista. Eu vi, na Polônia, na Tchecoslováquia, artistas novos, rapazes que eram mandados para as bienais, mas não tinham o beneplácito dos dirigentes. Uma vez eu fui convidado para uma espécie de exposição, digamos clandestina, de alguns artistas novos da Tchecoslováquia, antes da Primavera de Praga. Havia uma tendência a capitular da alta burocracia, isto no plano cultural. E eles levavam ao extremo a arte ocidental, muitos começaram a produzir arte moderna... Até na Rússia havia isso, por exemplo, a arte abstrata.

Estive na Rússia uma vez, quando dirigi a Bienal de São Paulo. Eu queria convocar a Rússia para participar da Bienal. A minha ideia era convocar a Rússia para participar e ao mesmo tempo pedir a ela os artistas não oficiais. Os artistas do início da revolução fizeram coisas formidáveis, como Kandinski, que, ao lado de Maiakovski, fizeram as ruas de museu. Esses artistas foram todos condenados quando veio o stalinismo e as suas obras ficaram nos porões dos grandes museus de Petrogrado, todo o tempo. E eu, no tempo que passei por Moscou, como era figura importante, diretor de Bienal e de Museu, fui recebido como uma autoridade, e não como velho militante... E então eu ia com o diretor do Museu de Petrogrado percorrer as salas cheias de gente e examinar as obras, e o diretor me explicando tudo com todos os detalhes. Eu pedi a ele que me mostrasse as salas onde estavam as obras dos artistas importantes. Então, ele me deixou na porta e foi embora. Eu entrei lá dentro, e estava uma senhora com uma filha mais moça que parecia um rato de porão, pálida como o diabo, parecia que não saía dali.

Ela veio me explicar e eu vi coisas antigas do Petrakov, Maiakovski, do Kandinski, do Chagall. Todos estavam lá, não se deixava sair. Muitos anos depois deixaram algumas coisas saírem para uma grande exposição em Paris.

A coisa engraçada foi que, quando saí, fui falar de novo com a Ministra da Cultura, com quem já tinha conversado antes. Eu dizia a ela: "Madame, nós vamos participar, a Bienal de São Paulo está fazendo o histórico de toda a arte moderna, já fizemos várias exposições, e falta agora a dos construtivistas russos que têm uma importância extraordinária para a história da arte moderna no mundo." Ela disse: "Quem? Esses que estão lá embaixo? Ora, esses absolutamente não valem nada..." Diante da reação dela, eu retruquei: "A senhora nos empresta as obras e nós expomos fora do pavilhão russo, quer dizer, deixamos com a senhora um espaço para sua seleção e expomos as outras em outro lugar, pois elas completam a história do movimento que nós estamos fazendo desde o começo, desde o cubismo e tudo." Ela disse: "Não pode ser, isso não tem importância, isto não é história." Eu repliquei: "Mas a senhora, que entende muito disso tudo, deveria saber que a história não se anula." Nisso, havia sobre a mesa umas figuras do Portinari na capa de um catálogo da Bienal que eu tinha mandado com antecedência, e ela comentou: "Mas isto é belo? O homem não é isto!" Aí eu disse: "Madame, eu estou admirando muito que a senhora sustente opiniões que me parecem a de um Tolstoi, e não a de um marxista." E daí por diante eu esculhambei bastante...

Quer dizer que ela não gostou do Portinari?

Ela achava tudo muito feio, muito deformado. Vocês vejam aí que a burocracia, que o stalinismo, tem o gosto de uma velha burguesia ocidental. O gosto deles é o mesmo da burguesia do Século XVIII... Stalin gostava muito de colunas, colunas jônicas, dóricas, não sei o que... em tudo ele metia colunas. Quer dizer, era o gosto de uma velha burguesia que não tinha nada a ver com o gosto moderno. Nem criava o novo gosto, seguia os das velhas burguesias do Ocidente. Exatamente isso. Aliás, na Polônia, onde havia um clima de maior liberdade, esculhambavam o gosto do stalinismo. Voltando à velha ministra. Num certo momento, quando voltei a encontrá-la para agradecer a cessão de obras, ela me disse: "O senhor está satisfeito por conseguir as obras para sua exposição?" Eu respondi: "Estou, mas não estou de todo satisfeito porque eu sou um homem teimoso, como a senhora já me disse. É que a senhora não nos cedeu os construtivistas que estão aqui no Museu." Depois, eu escrevi para ela: "A senhora disse que essa gente não tem valor, que não tem valor nenhum, que se pode escrever a história da arte sem se levar em conta esses artistas. Então eu pergunto: Por que a senhora guarda isso? Por que não destrói? Eu proponho à senhora que me dê, em homenagem ao reatamento de relações do Brasil com a Rússia, e ceda para nós, para os museus brasileiros, que nós guardamos. Ou então venda, em igualdade de condições, que eu me proponho a comprar." Entreguei a carta ao cara que me acompanhava para cima e para baixo lá em Moscou. Era o meu burocrata.

Ele era um sem-vergonha, gostava de me levar para passear, ver as bailarinas, as mulheres bonitas e tal. Bem, ele levou a minha carta e eu lhe perguntei como a ministra tinha recebido. Ele disse: "Mister Pedrosa, eu estou aqui para informar das *démarches* que o senhor faz, mas não estou aqui para informar das reações da senhora ministra..."

Entrevista por Omar L. de Barros Filho e Júlio Tavares, Jornal *Versus*, dezembro de 1977.

PeDROSa e PaPe: FRaGMeNTOS De uMa CONVeRSa

Ao retornar definitivamente ao Brasil em 1977, depois de seu último exílio de quatro anos na França, Mário Pedrosa demonstrou-se descontente com a produção artística da época e cada vez mais comprometido com o que ele chamava de arte virgem, a produção espontânea e não comercial dos loucos, das crianças e dos índios.

Seu último grande projeto como curador foi justamente uma exposição de arte indígena, que preparava para o Museu de Arte Moderna do Rio de Janeiro. O incêndio do MAM, em 1978, impediu a concretização desta proposta, que o presente texto de Lygia Pape resgata:

Do que ele mais gostava, "o maior dos brasileiros vivos", como se intitulava com sorriso maroto, era ir para a casa da praia da Raza, na Armação dos Búzios, antigo quilombo.

Um sobrado absurdo, obra de Mary Houston no meio de folhudas pitangueiras, linda arquitetura feita com material de demolições e antecedente de todas as obras do gênero.

Lá, numa rede, Pedrosa lia durante horas, sudoeste soprando e via-se todos os dias a orla em frente, repetindo a rota avistada já por Américo Vespúcio, nos começos da Terra dos Brasis.

Numa tarde quente, depois da passagem dos papagaios, gravei algumas considerações de Pedrosa sobre sua ideia na grande exposição sobre o índio brasileiro.

Abril/1979 Armação dos Búzios, praia da Raza: fragmentos de uma conversa.

"Alegria de viver – Alegria de criar"

— É uma maneira de você levantar o sentido profundo da cultura indígena no Brasil mostrando que se dava numa época em que havia de tal ordem uma unidade entre a natureza e o homem, entre a natureza e o habitante da floresta, havia uma tal unidade que fazia com que o índio não pudesse ter uma atividade senão integrada. O índio não podia se separar da floresta. O índio não podia se separar do meio ambiente em que vivia.

Ele aprendia as coisas na luta por viver. Para ele não havia empecilho fundamental nessa luta, porque esta luta por viver é a luta em que ele se integrava com a natureza, com os outros bichos, com tudo que cobria por ele mesmo, por sua habilidade, por sua ação, por seu trabalho que não era uma pena. Não era uma condenação.

O trabalho no índio era um trabalho feito de alegria e de dominação cada vez maior e de integração cada vez mais, dele com a sua terra, dele com as suas casas, dele com a sua rotina, com o seu aprendizado de todo o dia para criar o que ele queria. Quando ele descobria as coisas, ele descobria em alegria.

Ele quis aumentar o seu poder de integração entre o que ele fazia e o que a natureza dava.

Daí que eu digo que é raro, muito raro, só em certas épocas da história é que há essa extraordinária unidade de ação entre o índio e a natureza, entre o índio e os bichos, entre o índio e o que a natureza prodigalizava todos os dias.

O índio não tinha nada que o impedisse de ser alegre. O índio não vivia submetido como mostrava toda uma velha antropologia, submete a uma necessidade de cada vez trabalhar mais para se sustentar.

Isto está errado.

Sahlins mostra que quando o homem trabalha, o trabalho é libertador, o trabalho é criativo.

É uma integração da maneira do índio viver o seu terreno, na sua terra e ao mesmo tempo trazer para o mundo uma arte alegre.

Um trabalho alegre em que não está dominado por nenhum empecilho e por uma obrigação terrível de produzir mais para poder ter mais para comer. Marshall Sahlins mostra que no paleolítico houve uma época em que a abundância era o normal na civilização do índio, na civilização primitiva. A ideia de que era preciso cada vez mais trabalhar para poder produzir mais é uma lei da escravidão, do capitalismo desde os seus inícios.

Hoje está provado que isso não se deu na história da produção primitiva dos homens.

Esse foi conceito para criar a obrigatoriedade de acumulação aos que tinham por objeto acumular riquezas sem outro propósito senão o de dominar os outros.

a FunDação Do Museu Das ORiGeNS

Deve-se compor de cinco museus:

— Museu do Índio

— Museu de Arte Virgem (Museu do Inconsciente)

— Museu de Arte Moderna

— Museu do Negro

— Museu de Artes Populares

Os museus são afins embora independentes entre si.

O Museu do Índio já tem sua estrutura, organização própria, alguns recursos e acervo rico mas sem local apropriado.

O Museu do Inconsciente também tem sua estrutura e organização própria, recursos e excelente acervo. Mas está com suas instalações precárias e mesmo algo ameaçadas. Cumpre assegurá-las para bem da cultura brasileira e mundial.

O Museu de Arte Moderna tem local e sede magnífica que pode abranger os outros, mas não tem senão um pequeno acervo de obras, que sobrou do incêndio total.

A fundação deve ser pública ou de natureza mista para assegurar sua permanência e solidez, sobretudo quanto a recursos, mas dispor de uma estrutura organizatória autônoma afim de assegurar uma orientação cultural e artística não só coerente e homogênea, mas não sujeita a variações de orientação e administração, consequência de intervenções políticas extemporâneas e burocráticas não de todo aconselháveis.

Um Comitê de profissionais competentes, atuantes e um Conselho Deliberativo de personalidades eminentes e representativas, de respeitabilidade reconhecida na sociedade, serão responsáveis pela orientação cultural e artística da Fundação e uma administração eficiente, proba e autorizada.

I - O MUSEU DE ARTE MODERNA

Deverá reconstituir um acervo que seja antes de tudo representativo da arte brasileira, suas primeiras figuras representativas do impressionismo como Visconti até as gerações seguintes como Brecheret, Sagall, Tarsila, Anita Malfatti, Di Cavalcanti, Portinari,

Volpi, Goeldi, Lívio Abramo, até as de hoje, mais jovens. Deverá contar também com salas latino-ame-
ricanas desde o uruguaio Torres Garcia e artistas do
México, da Argentina, do Perú, da Colômbia, da Vene-
zuela, de Cuba, etc.

Salas europeias e norte-americanas.

Salas de Arte Concreta, que responde as origens
modernas do MAM

— Na Europa

— No Brasil

— Na Argentina

Sala de Arte Neoconcreta do Brasil

Além de salas de exposições temporárias.

II - O MUSEU DO NEGRO

Acervo a se constituir a partir de peças trazidas da
África e das criadas aqui no Brasil, principalmente
nos cultos religiosos, onde são usadas.

III - O MUSEU DE ARTES POPULARES

Acervo a ser constituido com peças colhidas nas
várias regiões do Brasil, nos vários tipos de artefatos
como cerâmica, madeira, ferro, flandres, palha, etc.

CORPO DE CURSOS TEÓRICOS
E APRENDIZADO PRÁTICO

Artes Plásticas — Música — Cinema — Vídeo Tape
(Laboratório de fotografia, oficina gráfica, atelier de gravura, marcenaria, moviola, etc.)

Com algumas matérias gerais como História da Arte, Antropologia Cultural, seções especializadas: cultural urbana — comunidades rurais — comunidades tribais, festas urbanas, carnaval.

FONTES DE FINANCIAMENTO

a — de empresas estatais
b — de Orçamentos Federal, Estadual e Municipal
c — doações privadas

RENDAS DO MAM

Uso da oficina gráfica, da marcenaria, atelier de gravura, laboratório de fotografia, sala de montagem (moviola), slides, serigrafia, etc.

CONTRIBUIÇÃO DOS SÓCIOS

Necessária para manter a organização democrática e popular da Fundação.

Doações públicas e privadas de caráter permanente e temporário e especializadas.

EXPLICAÇÃO SUCINTA DA FUNDAÇÃO DO MUSEU DAS ORIGENS

Em face da destruição total pelo incêndio do MAM, é imperativo que se tire uma conclusão lógica da catástrofe: o MAM acabou.

O grupo social que tão generosamente se lançou ao trabalho de o criar, com Niomar Muniz Sodré Bittencourt à frente, não está mais em condições de recomeçar a tarefa.

A situação mudou, os tempos são outros, a filosofia, ou mesmo a ideologia que inspirou os que o fizeram há mais de vinte anos atrás, mudou. Daí a necessidade de chamar outras forças e o Estado para criar outro estabelecimento congênere, com outras finalidades. A hora do puro mecenato privado passou. Até nos Estados Unidos já o próprio Museu de Arte Moderna de Nova York recorre ao auxílio substancial do Estado.

Por isso propomos que a reconstrução seja feita com o auxílio e a colaboração do Estado. Nossa proposição é que se construa uma Fundação Pública ou mista, mas que nos olhos de outras existentes no país, guarde sua inteira autonomia.

Os técnicos no assunto nos garantem sua inteira viabilidade.

a arte mágica e o pensamento atual

ANDRÉ BRETON INDAGA

Se o problema, desde há muito colocado, das relações da magia com a religião, de um lado, e com a ciência, de outro, sem admitir uma solução rigorosa, serviu, pelo menos, para frutuosas controvérsias, já o problema da relação da magia com a arte ainda não foi, por assim dizer, abordado. O uso, entretanto, cada vez mais extensivo do epíteto "mágico" — aplicado em nossos dias a toda uma categoria de obras de arte, tanto do presente como do passado — mesmo se implica, quase sempre, na demissão da crítica, não deixa de atestar a necessidade de aprender essas obras de arte sob um ângulo distinto do seu contcúdo manifesto e a propensão para fazer intervir, na gênese dessas obras, fatores mais ou menos secretos. A categoria de obras de arte de que se trata compreenderia ao mesmo tempo aquelas que são determinadas ou subentendidas por uma magia em exercício, isto é, numerosas obras arcaicas e a quase totalidade da dos primitivos (Africa, América, Oceania), as que, da Idade Média aos nossos dias, veiculam o pensamento "tradicional" e-sob a pressão do dia presente — todas aquelas cujo poder sobre nós ultrapassa o que se poderia esperar de seus meios apreensíveis. Estas últimas, bem entendido, não se referindo a nenhum dogma e ritual estabelecidos, não poderiam ser consideradas como o coroamento de uma operação mágica deliberada. O espírito atual, todavia, está de tal maneira orientado que tende a admitir que essas obras tenham parentesco com as precedentes: certas atitudes que presidem esse espírito atual — visando a dar primazia à arte de "criação" em relação a de "imitação" — parecem, com efeito, suscetíveis de provocar o despertar e o desencadeamento de forças obscuras, tanto mais operantes quanto elas têm sido, por muito tempo, reprimidas. Este mesmo espírito é assim espontaneamente levado a buscar antecedentes para elas na história da arte Ocidental, da qual, quer se queira ou não, permanecendo tributárias.

Resulta daí que as obras que de algum modo apresentam um aspecto enigmático, se veem, de repente, fortemente iluminadas no correr desse processo: em pintura pode ser esse o caso de obras já consideradas de primeiro plano (Uccello, Bosch, Vinci, Dürer) e também o de obras que estavam longe de gozar dessa preferência ou mesmo que pareciam condenadas ao esqueci mento definitivo (tais como as de Arcimboldo, Caron, Desiderio). Tudo se passa como se uma dignificação a mais estivesse reservada às primeiras enquanto que as outras só então conhecem a sua primeira, mas quase igual dignificação; assim também certas pedras preciosas ou semipreciosas quando colocadas sob raios ultravioletas não revelam maior fosforescência que outras que à luz do dia nos pareceriam simples seixos. A partir de uma nova hierarquia de valores tende a estabelecer-se.

Uma tal promoção teria, inevitavelmente, de arcar exigências. Assim, os editores de *Formes de l'Art*, percebendo a necessidade de uma revisão da história da arte e desejos de dotá-la de uma armadura que corresponde à ótica e às aspirações particulares de nosso tempo, iriam prever a divisão dessa empresa em cinco tomos dedicados respectivamente à arte mágica, a arte religiosa, à arte clássica, à arte barroca e à arte pela arte (reunindo e seriando, nesta última divisão, as obras de arte não incluídas nas categorias precedentes). Ora, se as quatro últimas noções que orientam a obra são, de saída, carregadas de um conteúdo precioso sobre o qual a sagacidade crítica, armada de novos conhecimentos, vai poder exercer-se, eu pude constatar, à minha própria custa, que a da "arte mágica" — visto que me coube a incumbência de estudá-la — era, *a priori*, a menos circunscrita: desde os primeiros passos ficou fora de dúvida que eu me aventurava em terreno movediço.

Sem dúvidas o sr. Marcel Brion, na qualidade de principal responsável, desde o início, projeto em conjunto, tinha, no que concerne à arte mágica, apresentado como exemplo a similitude que se impõe ao confrontarmos uma determinada obra "abstrata" de hoje com a decoração de um vaso de Susa, do terceiro milênio: a ponte seria das mais tentadoras se esta similitude de aspectos nos de intenção. Uma exposição recente, que provocou certa celeuma ("Perenidade da arte gaulesa", no Museu Pedagógico), se bem que seus organizadores, entre os quais eu me encontrava, se tivessem limitado a solicitar o livre jogo do olhar sobre as estruturas de medalhas gaulesas e sobre as de obras modernas (que o tinham em comum a intenção de sacudir o jugo greco-latino), essa exposição me fez ter consciência das resistências opostas a tais aproximações não só pelo grande público como também pelos especialistas das diversas disciplinas. Pareceu-me, desde então, que para responder a objeção segundo a qual eu corro muito o risco de submeter a

arte mágica a critérios subjetivos — e que todo o direi-
to de concluir sobre uma identidade de devido à minha própria atividade, pode-se esperar logo me verem
"puxando brasa para a minha sardinha" — era indispensável que eu me pusesse a par de tudo o que pode
constituir, neste assunto, a opinião autorizada. Neste
sentido, seria do maior interesse — e de grande auxílio — ter a sua opinião sobre as seguintes perguntas:

1 — Pode-se dizer, recentemente (I-A Rony: *La
Magie*), que "a civilização não dissipou a ficção da
magia senão para exaltar na arte, a magia da ficção".
Subscreve, você, este julgamento? Como o mágico e o
artista moderno (o primeiro visaria o real, o segundo
o imaginario, cuja repercussão sobre o real por mais
ou menos breve que seja sua promissória, é inegável)
especulam, um e outro, sobre as possibilidades de encantar o universo, conclui V. que as duas empresas (do
mágico e do artista) abrigam o mesmo fio condutor?
Qual é, então, segundo V., a natureza deste fio?

2 — A arte mágica, no largo sentido em que é aqui
entendida, é a expressão de um desejo inalienável do
espírito e do coração que a ciência, ainda menos que
a religião, está em condição de satisfazer? Poderia a
arte, hoje, depois de abandonar seu longo estaciona-
mento nas oficinas da "imitação", tomar um aspecto

menos desenfreado, levando em conta o tempo de frustração dos profundos desejos humanos? Terá a magia, enquanto busca, mesmo empiricamente, conciliar e conjugar as forças da natureza e as do desejo, a possibilidade de ser reabilitada, pelo menos em seu principio? Encara V. uma tal reabilitação como perigosa, desastrosa ou desejável?

3 — Em face desta elucidação inicial, seria desejável saber quais, entre os documentos reproduzidos aqui, quais são os que lhe parecem depender ou não da arte mágica? Se V. concorda que um apelo tão largo quanto possível a subjetividade possa ter aqui o mesmo valor que tem em todas as ciências humanas. então classifique estes documentos pela ordem em que, segundo V., eles se inscrevem sob o parentesco das modalidades de impressão mais ou menos viva justifique sua classificação, se assim o julgar necessário. Desejava V., por outra parte, designar um mínimo de três obras que, no curso de suas investigações pessoais V. julgou herdarem alguma coisa de arte mágica e indicar, caso necessário, suas referências?

IV — Diante de um objeto aparentado com a arte mágica, quais são os seus métodos de análise ou de conhecimento aproximado? Em que medida a emoção que esse objeto desperta ou o prazer estético que procura são acrescidos pelo interesse intelectual que pode apresentar a revelação da concepção do universo que este objeto expressa?

V — Objetos de natureza mágica têm possibilidade de se inserirem na sua vida pessoal? Em circunstâncias excepcionais, já pensou V., mesmo passageiramente, que eles guardam uma parte da sua "carga" inicial, não estando completamente alienada sua força de metamorfose? Ou entende que a sua indiferença os coloque no mesmo nível dos outros objetos? — A atitude adotada a este respeito condiciona ou não, a seu ver, o problema colocado pela "arte mágica"?

MÁRIO PEDROSA RESPONDE

A magia na obra de arte não pode resultar de uma "operação mágica deliberada". A obra de arte não se distingue por qualquer faculdade de "comandar ou subentender uma magia em exercício". Isso pode acontecer, mas eventualmente. O contrário seria admitir a institucionalização da magia. Ora, a magia institucionalizada, a operação tradicional codificada pode ser eficaz ou não, pode ou não exercer sua presença, mas de qualquer modo ela não é semelhante a que nós descobrimos ou intuímos na obra de arte. Um objeto mágico ou mesmo uma fórmula mágica pode ter as qualidades de obra de arte, mas esta em nossos dias jamais se poderia fundar sobre o exercício de magia: isso não pode ser sua função ou sua missão, sobretudo no sentido manipulativo ou ritual.

Os fetiches primitivos ou arcaicos podem ter sido concebidos para fins rituais mágicos na linguagem simbólica em que foram moldados: não obstante, nós não vemos como feiticeiros, e sim como artistas, aqueles que criaram ou talharam esses fetiches. O criador não é o feiticeiro, mas o artista indissoluvelmente fundido ao feiticeiro. No momento da fabricação de fetiches, o feiticeiro poderia parecer o criador; para nossa época, entretanto, o verdadeiro criador é o artista. Há aí uma diferença específica de mentalidade, de estado de espírito: um tempo histórico-cultural irreversível passou. No momento de talhar o ídolo ou o fetiche, era a mão do artista-artífice que o talhava, e não a fórmula ou o gesto do feiticeiro.

Para permanecer nos limites do objeto da enquete, nós não podemos considerar a qualidade ou a faculdade "mágica" a não ser na obra de arte (nela compreendido todo objeto dotado de propriedades inerentes à arte, independente da sua função). Devemos, então, primeiro pesar as qualidades artísticas de uma obra para, em seguida, tentar isolar ou definir o que nela é de ordem mágica. No interesse do rigor da investigação, a enquete deveria se limitar a essas categorias de obras (modernas) que, segundo você, André Breton, não se referem a nenhum dogma e ritual estabelecidos e que "não poderiam passar por ser o coroamento de uma operação mágica deliberada". Só elas poderiam revelar essas relações que se procuram descobrir entre a magia e a arte. Nem toda obra de arte evoca o mágico, nem por isso perdem de seu valor propriamente estético ou artístico. Uma vez estabelecida esta verificação, pode-se tentar determinar o que, um objeto qualquer, em uma situação dada, poderia ter o que não essa propriedade mágica. A arte de nossa época, a arte dita moderna, aquela que, segundo V., favorece o espírito de criação em detrimento do espírito de imitação, e, em si mesma, o maior e mais profundo esforço do pensamento e da sensibilidade ocidental para recuperar o espírito mágico ou, pelo menos, para retornar aos modos do pensamento mítico, caído em desuso com o advento do racionalismo metafísico da civilização utilitária burguesa. A arte abstrata moderna, no que ela tem de melhor e de mais autêntico, é, no fundo, um convite a esse retorno recuperativo, porque nos proíbe, precisamente, o emprego da linguagem discursiva no abordar e decifrar toda a obra de arte. A magia é uma atividade de ordem mítica, inteiramente excluída do plano da linguagem verbal discursiva, sobretudo depois da rigorosa depuração desta, levado a efeito pela lógica simbólica moderna. A arte, como a magia, fazem parte do mundo dessas formas simbólica, de que nos fala Cassirer. A arte moderna, a arte abstrata nos convida então a uma atitude mental e espiritual diferente da que governa as relações intelectuais e sociais dos homens em nossa sociedade ocidental. Nós devemos, para penetrá-la, para compreendê-la, pôr de lado o aparelho um tanto rígido ou especializado de nossos conceitos lógicos. Você hesita em aceitar "a ponte" que lhe oferece Marcel Brion "sobre a semelhança de aspecto de tal obra 'abstrata' e a decoração de um verso de Susa do 1º milênio". Por quê? Porque V. não está certo de encontrar nelas uma "comunhão de intenções". Mas por que a necessidade, *a priori*, dessa "comunhão de intenções", para que se sinta autorizado a buscar ou examinar certo caráter mágico em obras tão distantes no tempo e no espaço, quanto as de que trata Marcel Brion, desde que se ve verifique o fato de uma semelhança de aspecto? Não se poderia estabelecer, como fato experimental verificado, a frequência maior desse caráter mágico nos vasos solitários, quer venham do fundo pré-histórico das civilizações, ou dos contextos sociais e culturais, primitivos (embora contemporâneos), do que nas obras mais ilustres de nosso passado histórico ou de nossos atuais centros de civilização mais evoluídos?

Não faz muitos dias, fizemos uma pequena experiência, cuja menção, aqui, não aparece inteiramente fora de propósito. Tratava-se de atribuir o epíteto de mágico a um dos objetos colocados sobre uma estante: dois bustos de pessoas conhecidas, uma estatueta em terracota de Sant'Ana, um brinquedo de formas algo insólitas e um vaso de cor verde-cinza, construindo em planos escalonados e estriados. Éramos cinco no jogo. O resultado foi o seguinte: três dentre os cinco objetos mereceram o epíteto; entre os três, três pessoas, incluindo eu, escolheram o vaso em questão; a quarta escolheu a estatueta, e a última, o brinquedo. Creio que o "jogo do olhar sobre as estruturas", malgrado a reação dos "especialistas" e do grande público, é um processo legítimo, e mesmo preliminarmente indispensável para chegar a certas aproximações reveladoras entre tais obras modernas e tais medalhas gaulesas de seu exemplo, ou tais vasos de Susa do 3° milênio.

O grande público julga segundo um critério não válido, exterior, bebido na rotina do pensamento verbal discursivo. Quanto aos especialistas, eles têm critério próprio que só é válido nos limites de suas investigações eruditas. Em semelhantes domínios, o "jogo do olhar sobre as estruturas" é apenas um processo do velho e do bom método fenomenológico, o único que nos permite atingir a realidade mesma da experiência do acontecimento vivido, e não ficarmos nos puros fatos, em suas relações recíprocas, excluída toda experiência pessoal, é o método da antiga ciência. O que importa nestes domínios é o resultado experimental na sua capacidade de exprimir determinadas experiências e comunicar a outros esta experiência. O princípio da causalidade é aqui afetado pela força emocional da experiência.

Vamos agora às questões propostas.

1 — "A civilização não dissipou a ficção da magia senão para exaltar, na arte, a magia da ficção". Não, não posso subscrever esse julgamento. "A magia da ficção" é ficção e não magia; esta não é uma ficção, mas uma realidade. Como o mágico e o artista moderno especulam, um e outro sobre as possibilidades de encantar o universo, conclui-se que as duas empresas (do mágico e do artista) abrigam o mesmo fio condutor? Não, o primeiro é antes um burocrata, isto é, um servidor, um mediador profissional. Ele trabalha com técnicas congeladas, estereotipadas, sobre rituais tradicionais. O artista descobre, amplia ou recupera o mundo do real, acrescenta a ele qualquer coisa, recriando-o para nós. A realidade não é passiva, estando sempre ali. Ela se aprofunda e amplia constantemente; cresce por toda parte, sempre e em to-

das as direções. E cada vez que acrescentamos ao real, se faz magia. O artista (e algumas vezes o sábio) é o único mágico autêntico de nossos dias, ao menos no Ocidente. Ele nos oferece objetos novos, pontos de referência de uma realidade em constante expansão de um mundo não mais suscetível de ser reduzido a um modelo acessível a nossos sentidos como era o caso da velha cosmologia newtoniana e laplaciana. A física-matemática nô-lo traduz hoje em puros conceitos abstratos, matemáticos, inacessíveis ao nosso aparelho perceptivo. Só as obras modernas podem nos dar, desta concepção do mundo da ciência, intraduzível na estrutura do mundo euclidiano de nossos sentidos, novas imagens que o tornam de novo suscetível de ser percebido e objetivado. A arte moderna definiu este espaço da ciência pela invenção de objetos novos, de estruturas formais expressivas que nos remetem a virgindade do pensamento mítico e de suas relações mágicas.

2 — A arte é, com efeito, mas simplificando, a expressão de um desejo inalienável do espírito, que só ela, em nossa época, é capaz de satisfazer. A religião e a ciência não têm condições para satisfazê-lo. A magia, a magia que é preciso, primeiro, verificar experimentalmente pelo contato com certos objetos (todo objeto bem feito é arte), para, em seguida, procurar

as relações de coincidência e identificação entre esses objetos e os procedimentos tradicionais, rituais, da magia "oficial": a magia que se manteve através das idades como uma corrente histórica contínua, ainda que anônima e perseguida, não pode ser reabilitada em nossos dias a não ser pela atividade artística. Estamos inclinados a pensar que se se quiser atuante, a magia não será mais uma atividade formal autônoma. Nós já sabemos demais e somos demasiado velhos para isso. Seus efeitos, sua eficácia, só se podem sentir de modo sistemático, embora não por meios processualistas, através da obra de arte. Em todos os outros domínios da atividade mental, as modalidades do pensamento científico, ou pelo menos do pensamento lógico-discursivo, ocupam todo o espaço existente. Somente a arte, em nossa época, pode ser um meio de conhecimento não conceitual, não científico, ou seja, de certa forma, mágico — o único que resta vivo do mundo das formas simbólicas.

3 — Nos exemplos que V cita, eu classifico a figura 7 como a que mais parece se aparentar à arte mágica, enquanto a figura 8 é a que menos possui essa carga. Eis aqui, em ordem decrescente da carga mágica, as figuras que, entre seus exem plos, mais se aproximam, a meu entender, da arte mágica: Fig. 7, fig. 5, fig. 8, fig. 3. (É preciso levar em conta, nesta escolha, limitações

de apreciação devidas à reprodução minúscula e imprecisa, em preto e branco, sobretudo para certos objetos transpostos graficamente. A ausência das cores, em si mesmas já tão marcadas de simbolismo mágico, empobrece igualmente as condições de apreciação).

Se dou prioridade à figura 7, é pelo efeito mais pronunciado de sua presença, sua capacidade maior de isolamento, sua terrível força de se destacar do que a rodeia; e ao mesmo tempo sua irradiação mais forte sobre nossa pessoa que tem necessidade de se identificar com o objeto, de decifrá-los, de se pôr em íntima relação com ele. O objeto mágico se separa de nós por uma distância que não se dá a nós como espacial ou geométrica, mas como puramente psíquica. A obra mágica necessita de espaço capaz de envolvê-la e se dilatar, um espaço que nos sentimos e que nos induzirá ao mesmo tempo a ilusão do preciso. Não o que nos induz ao comércio com o cotidiano, mas o que nos separa dele e suscetível de possuir qualidades mágicas. Eis porque a arte de imitação só muito dificilmente poderia irradiar essas propriedades. O objeto mágico não pode ser um qualquer: o que é informc, ou o que é destituído de es estrutura formal definida ou marcante, não se liga à arte mágica.

Todos os signos arquetípicos que nos vêm, pelo inconsciente coletivo, do fundo das idades, podem, em certas circunstancias, em situações geoperceptivas dadas, precipitar forças mágicas. Dificilmente se discernirá caracteres mágicos em "todos" gestaltianos sem certa predominância figural.

4 — O interesse intelectual oferecido pela revelação da concepção do universo expressa pelo objeto, em nada acrescenta à emoção nem ao prazer estético, porque esse interesse pertence a outro mundo, as estruturas lógicas diferentes.

5 — A primeira questão respondo sim. O homem moderno, para se salvar da mecanização do pensamento, tem necessidade da arte mágica. Se se trata de uma obra de arte mágica, a indiferença não é jamais completa, mas sempre parcial e temporária. Não se sabe ao certo de onde vêm suas propriedades mágicas. No entanto, a repetição da experiência de objetos que se referem ao dogma e ao ritual mágicos estabelecidos reduz a sua eficácia. A prática mágica operatória é cada vez mais irrisória em nosso mundo submisso à lógica.

Não, a atitude adotada não condiciona, em geral, o problema posto, porque a magia, se ela significa ainda alguma coisa, não será mais um retorno aos modos de conhecimento anacrônicos, às fontes do pensamento mítico, de que somente a arte, entre todas as criações mentais do homem, pode em nossos dias incitar de algum modo o renascimento. Certa renovação que se verifica da prática fenomenológica poderia ser devida, em boa parte, à predominância atual da "arte de criação" sobre a ações mentais do homem, pode em nossos dias "arte de imitação". Fora desta significação, eu temo que a magia não será mais que uma prática fora de uso, ou no máximo uma técnica institucionalizada. Mas então, ser-nos-ia necessário, para de novo podermos usá-la com eficácia, livrarmo-nos de nossas próprias estruturas mentais atuais, esquecendo as aquisições científicas de nosso mundo presente, para mergulhar outra vez em um contexto social arcaico, regulado todo ele pelo pensamento to mítico, que infelizmente (ou felizmente?) já não é o modo de pensamento da humanidade do século XX.

CADERNOS ULTRAMARES

9 786586 962680